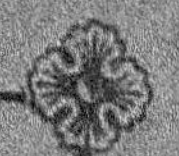

GRIEFS NOUVEAUX

DES

CABINETS EUROPÉENS

CONTRE

LE CABINET RUSSE.

Par XAVIER BRONIKOWSKI.

PARIS.

CHEZ HEIDELOFF ET CAMPE,

RUE VIVIENNE.

1832

GRIEFS NOUVEAUX

DES

CABINETS EUROPÉENS

CONTRE

LE CABINET RUSSE.

IMPRIMERIE DE L. DUVERGER,
RUE DE VERNEUIL, N° 4

GRIEFS NOUVEAUX

DES

CABINETS EUROPÉENS

CONTRE

LE CABINET RUSSE.

Par XAVIER BRONIKOWSKI

PARIS.

CHEZ HEIDELOFF ET CAMPE,
RUE VIVIENNE.

1832

GRIEFS NOUVEAUX

DES

CABINETS EUROPÉENS

CONTRE LE CABINET RUSSE.

Lorsque la lutte s'engagea entre les Polonais et l'empire de Russie, les cabinets étrangers crurent généralement que rien n'autorisait, dans cette circonstance, l'intervention de la diplomatie en leur faveur. Ils pensèrent que tout ce qu'on pouvait faire dans l'intérêt de la nation opprimée, c'était de ne point se déclarer contre elle. Mais cette opinion, déduite du livre diplomatique des traités, n'était point fondée en principe : car elle supposait que dans ses rapports avec les Polonais, le gouvernement russe ne s'était point écarté de la volonté du congrès de Vienne, tandis que, au contraire, le cabinet de Saint-Pétersbourg, dans sa conduite politique à notre égard, n'a jamais eu d'autres règles que celles de son bon plaisir. C'est une vérité que j'entreprends de démontrer, et une fois que j'en aurai fourni la preuve, il sera impossible de nier qu'on pouvait avec justice pendant la guerre, et que l'on peut, que l'on doit encore à présent soutenir la cause sacrée du peuple le plus malheureux de l'Europe. La violation du traité de Vienne une fois démontrée, les rois verront-ils avec indifférence l'œuvre à laquelle ils ont si solennellement coopéré indignement méconnue?

Déjà la conduite hautaine et despotique du cabinet de Saint-Pétersbourg a été l'objet de plaintes nombreuses; déjà elle a été condamnée et flétrie par la sympathie universelle qu'a excitée la cause polonaise. Il ne me reste qu'à recueillir les justes récriminations dirigées contre la Russie, qu'à les envisager sur un seul point de vue, qu'à les faire porter sur un seul objet pour prouver que l'accusation solennelle portée par moi n'a rien de commun avec les plaintes élevées par d'autres, et que, produite pour la première fois, elle mérite par cela même d'être méditée et jugée avec réflexion.

Les peuples ont accusé la Russie d'avoir un gouvernement qui apparaît, dès son début dans l'histoire, avec le caractère d'un propagateur de barbarie et d'absolutisme; d'avoir un cabinet dont l'intervention continuelle dans les affaires de toutes les nations est rendue plus importune et plus dangereuse par une politique d'une immoralité presque sans exemple, par la soumission aveugle d'une population en grande partie inculte, et par des armées considérables toujours prêtes à se jeter sur la civilisation de l'Europe pour en faire leur curée.

En effet, depuis long-temps les peuples ont commencé à ressentir la funeste influence que la puissance du nord exerce à la faveur de ses ressources matérielles, soit réelles, soit exagérées. Tous les États, du premier comme du dernier ordre, ont vu sa main de fer s'appesantir sur eux pour prévenir l'établissement des institutions libérales, ou pour en empêcher le développement partout où, malgré son opposition, ils ont pris racine dans le sol. Et c'est à quoi nous devions nous attendre. Il est impossible à un czar, s'il veut gouverner conséquemment, de tolérer dans son pays des idées d'affranchissement, de suivre d'un œil satisfait la marche progressive de l'indépendance dans les pays voisins; ou plutôt il faut qu'il use de tous les moyens qui sont en son pouvoir pour soutenir le despotisme, et, lorsque la force lui manque, au moins doit-il repousser loin de ses frontières le drapeau du libéralisme; son trône serait ébranlé dans ses fondemens et ne tarderait pas à s'écrouler, si les esclaves s'animaient à leur tour à l'approche de la liberté étrangère, et s'ils répondaient à l'appel de la sainte voix des peuples! En un mot, par sa position politique, un czar est aussi peu disposé à souffrir l'affranchissement des nations, que le planteur des îles à sanctionner l'abolition de la traite des noirs; et après tout, l'empire russe avec ses serfs n'est-il pas comme une

plantation immense que cinquante millions d'esclaves blancs font valoir en faveur d'un seul homme?

Que si j'examine quels sont les griefs généraux
que le cabinet de Saint-Pétersbourg a donnés aux
nations de l'Europe, les faits se présentent en foule,
et mon embarras provient plutôt de l'abondance
que de la disette des preuves. D'abord, sans sortir
des limites de la Russie, qu'est devenue la constitution donnée aux Polonais pour les dédommager
de la perte de leur indépendance? Quoiqu'elle fût
garantie par le congrès de Vienne, toutes les conditions en ont été foulées aux pieds avec une dérision
amère : on s'est fait un jeu de la liberté individuelle,
de la liberté de la presse, de celle de la parole : on
a chargé le citoyen, dans l'exercice de ses droits, de
chaînes extra-judiciaires; on l'a entouré de censeurs,
d'espions. Une armée nationale devait être organisée
dans les gouvernemens polonais, et l'on n'a fait autre
chose que de donner à un corps russe le nom de
corps de Lithuanie ; toutes les provinces polonaises
ont été organisées militairement par Constantin, le
plus tyrannique des princes. Cependant le despotisme russe ne s'est point borné à l'oppression et à
l'avilissement des malheureux Slaves : il aspirait à
l'honneur de s'exercer sur un plus grand théâtre et
sur un plus grand nombre d'hommes. Le cabinet de
Saint-Pétersbourg, par le premier partage de la
Pologne, se trouva en contact avec l'Europe ; et
désormais rien ne put arriver sans sa participation,

je dirais presque sans sa permission. La guerre de
sept ans, la campagne d'Italie et surtout la poursuite
de Napoléon jusque dans les murs de Paris, accru-
rent encore l'orgueil et l'influence des czars. Alors,
par leurs soins, fut organisée la Sainte-Alliance des
monarques contre les peuples. Pour leur plus grande
sécurité, ils demandèrent le sacrifice des libertés de
l'Allemagne, et ils l'obtinrent d'autant plus facilement qu'ils n'avaient affaire qu'à de petits souverains,
qu'à des dynasties attachées à la maison de Romanow par des alliances de famille, qu'à des gouvernemens qui partageaient les vues de la politique russe.
Ce que le cabinet de Saint-Pétersbourg ne put
obtenir par la voie des négociations, il chercha à
le ressaisir par d'autres moyens : il distribua aux
hommes investis de quelque influence morale ou
littéraire, tels que les Stourdza, les Kotzebue, les
Krug, des titres, des honneurs et des pensions. On
vit avec effroi l'empereur Alexandre, qui affichait le
libéralisme, s'immiscer dans les affaires de la Suède,
protester publiquement contre l'abolition de la noblesse en Norvège, quoiqu'elle eût été décrétée par
la diète d'une manière tout-à-fait légale. Bientôt
arrivèrent les révolutions de la Grèce, de l'Espagne
et de l'Italie, et le cabinet russe, pour prévenir dans
ces contrées l'amélioration de l'état social, employa
ses moyens ordinaires; sans lui, la constitution ré-
publicaine que les Grecs s'étaient donnée subsisterait
encore, et la France et l'Autriche n'auraient point mis

chacune une armée sur pied pour renverser la constitution des cortès. Mais c'est surtout depuis la révolution de juillet 1830, suivie des événemens de
Bruxelles et des insurrections partielles de l'Allemagne, que le gouvernement russe a montré combien est mortelle la haine qu'il porte à la liberté.
Cette fois, regardant les notes diplomatiques comme
une arme trop faible, il résolut, de concert avec les
grandes puissances, de former une nouvelle croisade
contre la France. Les Polonais, qui avaient été té-
moins des préparatifs gigantesques de l'empereur
Nicolas, prévirent qu'ils recevraient bientôt l'ordre
d'entrer en campagne. On sait comment, en frémis-
sant de patriotisme et de colère, ils ont prévenu
cet ordre. Résolus d'attirer sur leurs têtes l'orage
qu'on voulait faire rouler sur la France, et prêts à
faire tous les sacrifices hormis celui de l'honneur, ils
se présentèrent en effet en masse ; mais ce fut pour
combattre les troupes du despote, et non point pour
tourner leurs armes contre la liberté des peuples
dans laquelle ils fondent l'espoir de leur indépendance.

Plus le cabinet de Saint-Pétersbourg avait chez
tous les peuples soulevé contre lui de passions hai-
neuses, plus les nations saluèrent avec joie les événemens de Varsovie, et plus les vœux qu'elles for-
mèrent pour le succès des Polonais furent ardens
et sincères. Les monarques eux-mêmes ne purent
voir avec indifférence ce vaste mouvement ; mais

comme toute révolution leur est odieuse et suspecte, par cela même qu'elle émane d'une autre volonté que la leur, et que d'ailleurs le droit des gens, ou si l'on veut le droit des cabinets ne définit point avec assez de précision la part qu'un état peut prendre aux affaires d'un autre, les rois étrangers se montrèrent plus disposés à abandonner notre cause qu'à nous appuyer de leurs négociations ou de leurs armes.

Cependant ils n'ignoraient point que depuis le partage de la Pologne, le cabinet russe a détruit l'équilibre du nord, et qu'il a profité de la chute de Napoléon pour s'arroger une suprématie qui blesse à la fois l'orgueil et les intérêts de toutes les têtes couronnées. A ces sujets généraux de mécontentement, chaque prince pouvait ajouter des griefs qui lui étaient particuliers. L'empereur François, par exemple, voyait d'un œil jaloux l'influence morale et religieuse que le cabinet russe exerce depuis de longues années sur les onze millions de Slaves soumis à l'Autriche; il le soupçonne de vouloir préparer, par ce moyen, la réunion de toutes les populations Slaves sous un seul sceptre. La Prusse craint aussi que le cabinet de Saint-Pétersbourg n'ait la pensée de lui ravir les deux millions de Slaves qui sont tombés au partage des Frédérics. Quoique la dynastie prussienne soit étroitement unie à la maison des Romanow par des alliances de famille, elle n'ignore point que ces sortes de relations ne sont respectées par la politique qu'autant qu'elle y trouve son avantage; et que les bords de la mer Baltique sont aussi nécessaires à l'empire russe, que les pays baignés par la mer Adriatique, ou que la ligne des monts Carpathes.

Enfin, si, comme on le prétend, la Prusse nourrit le projet de la révolution qui tôt ou tard surgira en Allemagne pour agrandir ses états des provinces qui sont à son gré, il semble qu'il serait plus de son intérêt et de son honneur de s'emparer de tous les avantages qui résulteraient d'un pareil événement que de les partager avec une puissance barbare. D'un autre côté, les autres souverains de l'Allemagne ne pouvaient voir sans une juste défiance les étroites liaisons de la Russie et de la Prusse; et, trop faibles pour pouvoir résister à la première de ces deux puissances, ils devaient applaudir à son morcellement. La cour de Suède, blessée dans sa dignité par la protestation d'Alexandre, n'a jamais perdu l'espoir de rentrer en possession de la Finlande. Le gouvernement anglais n'avait peut-être pas moins de raison de se défier des projets du cabinet russe. La politique du nord continue en Europe le système continental si pernicieux pour la Grande-Bretagne, et le czar s'empresserait de donner à ce système une plus grande extension, en contraignant les autres puissances à s'y conformer, s'il avait à sa disposition les ressources que Napoléon trouvait dans son génie, et s'il lui était possible de lancer ses ordres du pôle septentrional jusqu'aux colonnes d'Hercule. Mais ce que la politique russe n'a pu jusqu'à présent effectuer contre la Grande-Bretagne, elle espère l'accomplir un jour. Elle veut avant tout subjuguer les états les moins puissans du continent, ensuite viendra le tour des états du premier ordre, et puis enfin celui de l'Angleterre que l'on appauvrira en lui ravissant le commerce du monde. Les ministres anglais qui, imbus de l'esprit de leur nation, fondent la grandeur de leur pays sur le commerce, n'ont-ils pas des preuves indubitables que le gouvernement russe fait une guerre sourde aux intérêts commerciaux, et que, pour mieux réussir, il conspire en secret en Irlande et même en Angleterre? Ne savent-ils pas que c'était le projet de Paul d'attaquer la puissance britannique dans les Indes Orientales, que la mort seule a prévenu l'exécution de son dessein; que depuis, s'ils n'en eussent point été détournés par des événemens plus importans, les empereurs russes auraient repris son plan; et qu'aujourd'hui les avantages obtenus dans la dernière guerre de Perse peuvent être considérés comme un premier pas fait dans la carrière qui doit conduire les hordes russes jusque sur les bords du Gange? Ajouterai-je enfin que l'honneur des ministres d'une nation qui tend à la domination du monde par l'industrie, par le commerce et les richesses; qui a créé dans les trois parties du monde trois nations anglaises; qui a donné la liberté à l'Amérique méridionale, brisé les chaînes des Africains et empreint tous ses actes du sceau de sa grandeur morale, ajouterai-je, dis-je, que l'honneur ferait un devoir aux ministres d'un pareil État de s'opposer à un système par lequel on veut substituer l'ascendant d'une force brutale à la prépondérance des lumières et de la civilisation? Et quelle occasion plus favorable pour la Grande-Bretagne de se venger des machinations de la Russie; que la révolution survenue en Pologne? Le gouvernement de Louis-Philippe, créé lui-même à la suite d'une révolution, avait surtout un intérêt particulier à combattre une puissance qui, par principe, se regarde comme l'ennemi capital de la France. Le cabinet du Palais-Royal, en tirant parti des circonstances et en embrassant la cause de la Pologne, se serait épargné ou au moins aurait ajourné une guerre déja organisée contre lui. Le rôle que la politique lui conseillait de jouer dans cette grande circonstance, la reconnaissance nationale le lui prescrivait aussi. Le gouvernement français a beau faire, il ne pourra jamais éviter une rupture ouverte avec la Russie; son origine toute révolutionnaire, ses principes qu'en vain il voudrait abjurer et qui, par leur nature, ne sont point compatibles avec les principes monarchiques, rendent cette guerre inévitable. Il paraît d'ailleurs incontestable qu'en s'opposant sans crainte au choc du despotisme russe, ou même à celui du despotisme européen, le trône du roi-citoyen aurait été plutôt affermi qu'ébranlé : il aurait été entouré de l'estime des peuples qui lui auraient su gré, même pour sa propre sécurité, d'avoir défendu la liberté des Polonais.

C'est ainsi que la sympathie des peuples et l'intérêt bien entendu des rois semblaient favoriser la lutte des Polonais pour la liberté et l'indépendance; *la sympathie des peuples, car ils éprouvaient déjà ou craignaient les effets du despotisme russe; l'intérêt bien entendu des rois, car ils se sentaient humiliés par la suprématie que s'étaient arrogée les empereurs russes, et il leur était facile de voir qu'il n'y avait de sûreté pour eux que dans l'abaissement de la puissance la plus brutale qui ait jamais existé. Mais d'une part, il manquait aux peuples une force organisée pour rendre leur volonté exécutoire; de l'autre part, l'idée de la non-intervention fondée sur une diplomatie de circonstance, et sur une interprétation inexacte du traité de Vienne, s'empara des monarques,* de telle sorte que non-seulement aucun d'eux ne se déclara le défenseur immédiat de la cause des Polonais, mais que même pas un n'osa encourager les Perses et le Turcs à une guerre contre la Russie, leur ennemie naturelle. Le prestige de l'inviolabilité de cet empire barbare ne pouvait se dissiper facilement, tant les artifices du cabinet russe étaient parvenus à l'accroître. La Pologne délaissée a succombé, mais elle n'a point péri, quoiqu'elle a été destinée à périr. Elle existe, elle est plus grande, plus forte qu'elle ne l'a été avant la révolution. C'est sur cette vitalité, qui est indestructible et qui durera plus long-temps que les ukases de Saint-Pétersbourg ; c'est sur le traité de Vienne, sur l'intérêt de l'Europe, sur la justice de Dieu, que nous fondons notre avenir. Notre sang, versé à grands flots pendant la plus terrible des luttes, n'a pu décolorer les motifs qui nous ont engagés à prendre les armes contre le despotisme ; nos sacrifices déposés sur l'autel de la patrie, notre traitement actuel, qui est comme la continuation de notre martyre ; tant de pertes, tant de souffrances, ajoutées aux sujets de plaintes que nous avions déjà, en redoublant l'intensité du mal, rendront la nouvelle explosion morale plus redoutable, plus prochaine. Nous avons acheté chèrement le droit d'appeler la vengeance du présent, de l'avenir, et de l'histoire, qui est l'organe de tous les temps, sur le cabinet russe. La guerre une fois terminée, la politique russe nous a privés de tout ce qui pouvait encore confondre nos intérêts nationaux avec les siens. Religion, langue, nationalité, littérature, institutions, jusqu'aux intérêts particuliers, elle a tout sacrifié à sa haine. Mais le tort qu'elle voulait nous faire a déjà en partie retombé sur elle ; car par sa fureur elle s'est aliéné les partisans qu'elle conservait en Pologne, et qui, malheureusement, n'étaient que trop nombreux à l'époque de la révolution.

Mais ce n'est point la question historique que je veux envisager ; je prétends m'occuper exclusivement de la question politique. Je ne dirai donc pas quelle a été l'attitude des cabinets pendant la guerre; quels moyens la Russie a employés, après la prise de Varsovie, pour achever l'œuvre de l'asservissement de ses sujets polonais. Je me bornerai à résoudre cette question : *Dans l'état actuel des choses, qu'est-ce que les cabinets européens peuvent exiger et faire légalement en faveur de la Pologne, et quels sont les devoirs que le gouvernement russe doit remplir à l'égard des Polonais.*

L'empereur de toutes les Russies entreprendra sans doute de justifier les ukases qui doivent consolider l'ordre en Pologne. Il dira qu'il a vaincu les Polonais, que, comme vainqueur, sans violer le droit des gens, il peut traiter les vaincus selon son bon plaisir, et que par conséquent il lui est permis d'annuler toutes les graces qui leur ont été conférées à la suite des stipulations du traité de Vienne. «Mon frère, dira-t-il, a bien voulu élever la Pologne au rang de royaume : non-seulement il a octroyé à ce nouvel état une constitution, il a en outre donné des institutions nationales aux provinces polonaises, appelées *gouvernemens pol'mais*, et qui avaient été acquises par sa grand'mère lors du second et du troisième partage de la Pologne ; il a appelé à la qualité de gouverneur général de ces provinces son frère le grand-duc Constantin, et il a fait organiser un corps d'armée séparé, sous le nom de corps lithuanien, auquel il a permis de porter les couleurs nationales,

c'est-à-dire d'avoir des revers jaunes au lieu des revers rouges qui distinguent les autres corps russes.
Tous ces bienfaits, les Polonais les ont perdus par le
fait de leur révolution. Je déchirerai le livre de leur
constitution, et je ferai disparaître tout ce qui peut
les distinguer de mes autres sujets. Je ferai si bien
qu'il ne leur sera plus possible de troubler la paix
intérieure de mon empire ; j'effacerai en eux tous les
souvenirs de l'histoire, j'étoufferai leur littérature,
je déracinerai jusqu'à leur langue, et je les englou-
tirai dans la masse du reste de mes sujets. » Voilà
comment l'empereur Nicolas pourra justifier vis-à-
vis des autres puissances les ukases qu'il a rendus
concernant le royaume de Pologne et les gouvernemens échus en partage à ses prédécesseurs. Le gouvernement français pourra bien lui demander alors,
en termes généraux, la conservation de la nationalité polonaise ; et il croira avoir obtenu une satisfac-
tion suffisante si l'empereur de Russie lui fait pré-
senter une déclaration par laquelle, désirant se
conformer aux intentions de son allié, il offrira de
modifier son système et de garantir au royaume
de Pologne une administration séparée, moitié polonaise, moitié russe. Les autres cabinets penseront
probablement aussi qu'il n'est pas nécessaire de
faire au czar des remontrances au sujet de la Pologne, et plusieurs pourront même affirmer que sa
majesté russe peut traiter la Pologne en pays conquis, et qu'elle n'est point tenue d'observer les

traités antérieurs aux derniers événemens. Tout cela est d'autant plus possible que les rois n'ayant rien trouvé d'incompatible avec le traité de Vienne dans les actes nombreux de perfidie dont la Russie s'est rendue coupable à notre égard, ils peuvent bien penser aujourd'hui que le vaincu doit se plier à la loi du plus fort.

Quoique nous ne partagions point cette opinion, nous sommes pourtant prêts à l'admettre, car nous avons d'autres et de plus importans griefs contre le cabinet russe. Nous supposons que cette manière d'envisager les affaires publiques est tout-à-fait juste, que l'empereur de Russie a maintenant comme vainqueur le droit de priver les vaincus de tout ce qui leur a été accordé depuis le congrès de Vienne, par lui ou par ses prédécesseurs. Il pourra donc reprendre au royaume de Pologne la constitution du 17 novembre 1815, aux provinces polonaises qui portent le nom de gouvernement l'administration distincte qui les régit, et enfin au corps séparé de troupes russes le titre de corps lithuanien. Tous ces avantages, l'empereur de Russie les peut reprendre, puisque nous ne les devons point au congrès de Vienne, mais à la volonté des czars; il est probable aussi que les grandes puissances n'envisageaient les institutions accordées à la Pologne que comme un acte de la libéralité des Romanow. Mais tout entières au grand drame diplomatique de l'Europe, elles ne daignaient pas s'occuper du petit royaume de

Pologne et des affaires intérieures de la Russie, les
considérant comme tout-à-fait secondaires. D'un autre côté elles étaient retenues par un sentiment de
crainte que la dernière révolution de Pologne a dû
bien affaiblir. Aujourd'hui elles ne peuvent envisager les concessions faites par le cabinet russe
aux Polonais que sous leur véritable point de vue,
c'est-à-dire comme un don gratuit. Le cabinet russe
peut ravir aux Polonais tout ce que ceux-ci possè-
dent à ce titre; mais il ne peut priver les Polonais
d'institutions qu'il ne leur a point données, ainsi
qu'il avait pris l'engagement de le faire, car c'est
une vérité incontestable, qu'on ne peut reprendre
ce qu'on n'a jamais donné, et ce qu'on a le droit
d'exiger n'est pas perdu parce qu'on n'a pas fait valoir ce droit, et celui qui a contracté une obligation ne peut s'en croire quitte parce qu'il se trouve
dans une attitude hostile vis-à-vis de celui qui demande ce qui lui est dû.

Or, il me sera facile de prouver que toutes les
institutions données aux Polonais, depuis le congrès
de Vienne, ne sont nullement conformes aux intentions du traité, et qu'elles sont seulement un effet
de la politique russe. D'où il s'ensuit que, si d'un
côté l'empereur russe est libre de priver les Polonais
des dons gratuits qu'ils ont reçus de sa famille, de
l'autre côté il est aussi obligé de faire entrer ceux-ci
en possession des institutions que le congrès de
Vienne leur a garanties.

Ouvrons le traité de Vienne, signé le 9 juin 1815. Dans le premier article de ce traité, dont toutes les obligations et le contenu, en ce qui concerne la Pologne et la Russie, n'ont jamais cessé d'être les mêmes, nous trouvons la clause suivante :

« Le duché de Varsovie, à l'exception des provinces et districts dont il a été autrement disposé dans les articles suivans, est réuni à l'empire de Russie. Il y sera lié irrévocablement par sa constitution, pour être possédé par S. M. I. l'empereur de toutes les Russies, par ses héritiers et ses successeurs à perpétuité. S. M. I. se réserve de donner à cet état, jouissant d'une administration distincte, l'extension intérieure qu'elle jugera convenable. Elle prendra avec ses autres titres celui de czar, roi de Pologne, conformément au protocole usité et consacré par les titres attachés à ses autres possessions. »

Cette clause du premier article a rapport au royaume de Pologne, c'est-à-dire à la plus grande portion du ci-devant duché de Varsovie ; car avec la plus petite portion de cette province on a formé la province prussienne du grand-duché de Posen, le territoire de la ville libre de Cracovie, et un district qui a été réuni à la Gallicie, province autrichienne. Le duché de Varsovie, à l'exception de Posen, de Cracovie et du district devenu une possession autrichienne, devait, d'après la teneur de cet article, être attaché à l'empire de Russie sous le nom de

royaume de Pologne par sa constitution, c'est-à-
dire par la constitution qui lui avait été donnée le
27 juillet 1807. Les relations de ce pays avec l'empereur de Russie devaient par conséquent rester
les mêmes que celles qui existaient entre le duché
de Varsovie et Frédéric, roi de Saxe, duc de Varsovie, avec les modifications toutefois que les événemens postérieurs avaient apportées aux limites du
duché de Varsovie. La simple signification de ces
mots : *Le duché de Varsovie sera lié par sa constitution,* prouve assez qu'on n'a point entendu parler
d'une autre constitution que de celle du duché de
Varsovie. D'ailleurs nous trouvons dans les paroles
suivantes, extraites de la même clause : S. M. I. se
réserve de donner à cet état *jouissant d'une administration distincte,* etc., un fait déjà existant, c'est-
à-dire une administration distincte, qui n'a pas eu
besoin d'être organisée, mais qui l'était déjà. Et
comme cette administration n'était pas autre que
constitutionnelle, elle supposait donc nécessairement l'existence d'une constitution. Or, cette constitution était celle du duché de Varsovie de l'an 1807.
Si les puissances avaient eu l'intention de parler dans
cet article d'une constitution qui devait être *un
jour octroyée* par l'empereur de Russie au royaume
de Pologne, elles auraient exprimé leur idée aussi
nettement qu'elles l'ont fait dans la seconde partie du
même article, lorsque, en parlant des autres Polonais qui se trouvaient sous la domination de l'em-

pereur russe, elles ne font que leur promettre une représentation et des institutions nationales. Elles auraient dit expressément que le duché de Varsovie sera lié à l'empire de Russie par une constitution que le czar se réservait de donner à cette partie de la Pologne. Mais comme elles ont dit que le duché de Varsovie, à l'exception des provinces et districts désignés, sera lié à l'empire de Russie par sa constitution, elles ont eu très évidemment l'intention de conserver dans le royaume de Pologne la constitution du duché de Varsovie, et l'empereur de Russie était tenu, immédiatement après la ratification du traité de Vienne, de faire exécuter la constitution de l'an 1807; car c'était à cette condition que le duché de Varsovie, à l'exception des provinces et districts désignés dans un autre article, avait été lié à son empire. L'empereur de Russie, s'il voulait se conformer au premier article du traité de Vienne, était obligé, au lieu d'installer dans le duché de Varsovie un gouvernement provisoire, de mettre à exécution, immédiatement après la ratification du traité, dans le royaume de Pologne, la constitution du duché de Varsovie, et de laisser au nouvel état son administration distincte. Telle était la volonté des puissances exprimée dans le traité de Vienne, et telle est la véritable interprétation de la clause que j'ai citée. Cependant Alexandre oublia les obligations que lui avaient imposées ses alliés. Son dessein était de changer arbitrairement, et conformément à ses vues particulières, l'état de choses reconnu solennellement dans le duché de Varsovie par ces mots du traité de Vienne : *sa constitution...* et *jouissant d'une administration distincte.* Le czar a commencé par bouleverser l'organisation de l'armée polonaise dans le duché. Ce corps, l'un des objets les plus importans de l'administration, d'après la teneur de ces mots : *jouissant d'une administration distincte,* devait rester tel qu'il se trouvait être dans le duché de Varsovie, dans le *statu quo* conservé par le traité de Vienne; et pourtant on a fait subir à l'armée polonaise une nouvelle organisation, entièrement opposée à celle qui lui était propre comme appartenant au duché de Varsovie. Les Rady *gospodarcze* ou conseils économiques des régimens furent abolis; on autorisa le châtiment de la bastonnade, et les militaires se virent exposés au traitement le plus atroce sans aucun jugement préalable d'un conseil de guerre. Est-il besoin de dire qu'on n'eut pas plus de respect pour la constitution du duché de Varsovie? Elle ne convenait pas à Alexandre, malgré la volonté des autres puissances, exprimée si formellement dans le traité de Vienne. Cette constitution porte que la religion catholique, apostolique et romaine, est la religion de l'État; elle dit que la chambre des nonces exprimera sa volonté, lors du dépouillement des suffrages, par le scrutin secret; elle confère le droit de voter dans les diétines aux officiers de tous grades, aux sous-officiers et soldats décorés, et à ceux qui, ayant reçu des blessures ou fait plusieurs campagnes, auraient obtenu leur retraite. Elle règle que, pour être membre de la chambre des nonces, on n'est point tenu de faire preuve des avantages dont l'on jouit sous le rapport de la fortune, et que, pour être élu, il suffit d'être gentilhomme, d'avoir vingt-quatre ans et de jouir de ses droits politiques. Ces conditions ne sont même point de rigueur pour ceux qui ne sont point gentilshommes, et une assemblée communale peut nommer député tout citoyen qui s'en est rendu digne par ses talens, ses connaissances et son caractère, sans pouvoir être arrêtée par les considérations de l'âge, de la fortune, etc. La constitution de Varsovie assure au pays et établit dans les communes, les districts et les départemens, des institutions municipales très larges. Elle garantit la publicité de la procédure en matière civile et criminelle. Elle ne reconnaît aucun tribunal particulier pour juger les crimes d'état et les délits commis par les hauts fonctionnaires. Enfin, elle limite le nombre des soldats dont l'armée se compose. Toutes ces dispositions de la constitution du duché de Varsovie offraient un singulier contraste avec le système despotique suivi par les empereurs russes ; mais il est à présumer que les puissances européennes, en les conservant dans le royaume de Pologne, avaient eu l'intention d'apporter quelques modifications au despotisme du Nord. Quoiqu'il en soit, il est hors de doute que ces dispositions, de même que les autres clauses de la constitution du duché de Varsovie, devaient être observées dans le royaume de Pologne. Mais le tout fut mis de coté par l'empereur Alexandre, qui nomma commissions sur commissions pour discuter les articles d'un nouveau projet de constitution. Il voulait octroyer une charte à ses nouveaux sujets, et, dans un élan de ce patriotisme dont quelquefois il faisait parade, après avoir rejeté le projet d'une constitution monstrueuse et féodale, il donna son adhésion à un projet plus libéral qui devint, dans le mois de novembre 1815, la constitution du royaume de Pologne. C'était ainsi que cinq mois s'étaient écoulés depuis la ratification du traité de Vienne, sans que le royaume de Pologne eût joui des avantages d'une constitution, et celle qui lui fut donnée le 27 novembre 1815 était purement un acte de la volonté impériale. Elle ne pouvait être le résultat du congrès de Vienne, car cette assemblée de rois avait garanti au pays la constitution du duché de Varsovie. Je le répète, il est difficile d'expliquer comment les autres puissances, depuis 1815 jusqu'à ce jour, ont gardé le silence sur une violation si manifeste de leur volonté. Cette indifférence ne peut provenir que de la fausse idée où l'on était au sujet du peu d'importance de la nation polonaise dans le système européen; et si cette erreur est à présent détruite, c'est que nos efforts, pendant la dernière guerre, ont appris à nos

amis comme à nos ennemis la nature de notre position. Peut-être croyait-on aussi que la constitution d'Alexandre valait bien celle de l'an 1807, et
que par conséquent la dignité des monarques et les
droits des Polonais n'avaient rien perdu à ce changement. Mais la constitution du 27 novembre 1815,
qui a été octroyée par Alexandre au royaume de
Pologne, ne pouvait, en aucune manière, remplir
les intentions des autres puissances, vu que, sous
presque tous les rapports, elle diffère essentielle-
ment de celle du duché de Varsovie. D'après la
constitution d'Alexandre, la religion catholique romaine a cessé d'être ce qu'elle etait par la constitution de l'an 1807, la religion de l'État. Cette pré-
férence marquée, accordée à notre foi religieuse,
gênait la politique ambitieuse des czars, qui veulent
imposer au monde, avec leur despotisme, une auto-
cratie politique investie du caractère sacré du sa-
cerdoce. Les Polonais ne se sont jamais piqués
d'avoir pour leur religion un zèle fanatique, et on
ne les accusera point d'être aujourd'hui animés de
l'esprit d'intolérance; mais la cause de l'église catholique, par son opposition aux projets du cabinet
russe, a aujourd'hui une importance toute politique,
et peut être envisagée sous ce point de vue par tous
les autres souverains. La constitution du royaume
de Pologne, pour ce qui regarde la chambre des
nonces, porte que les suffrages seront exprimés publiquement, tandis que la constitution du duché de

Varsovie veut le contraire. La politique russe pouvait-elle admettre le scrutin secret, elle qui, se proposant d'influencer les nonces et les députés, avait besoin de savoir au juste lesquels d'entre eux voteraient pour ou contre les projets de loi présentés par le conseil d'État? Les militaires polonais, en tant que faisant partie de l'armée, ne peuvent, d'après la constitution du royaume de Pologne, prendre part à la nomination des membres de la chambre; ce droit, qui leur était assuré par la constitution du duché de Varsovie, répugnait au despotisme du cabinet russe, qui écarta soigneusement le soldat des affaires publiques. Le mode de l'élection des membres de la chambre, réglé par la constitution de 1807, a fait place à un autre système; la constitution de 1815 prescrit, par rapport à l'âge et à la fortune des éligibles, des conditions tout-à-fait différentes; par exemple, elle fixe l'âge où l'on peut être élu à trente ans, et elle veut que, pour être nommé, on paie au moins cent florins par an en impôts directs. Plus libérale, la constitution de 1807 permettait au Polonais de remplir les fonctions de représentant dès l'âge de vingt-quatre ans, et les avantages de la fortune n'étaient point envisagés par elle comme une condition indispensable; lorsque même il s'agissait du choix d'un député des communes, on n'était nullement arrêté par la considération de l'âge.

Les modifications apportées à notre mode électoral

par la constitution de 1815 provinrent sans doute
de la crainte où était Alexandre de donner à son
empire l'exemple d'un régime représentatif presque
républicain. Je conçois fort bien l'inquiétude que
le czar pouvait avoir à cet égard, mais je demande
pourquoi, étant au fait des choses, il ne manifesta
point sa pensée aux rois assemblés en congrès?
pourquoi surtout, puisqu'il redoutait l'influence morale et politique que nos lois pourraient exercer,
il apposa sa signature au traité de Vienne, qui en
ordonnait la conservation? Des institutions républi-
caines, resserrées dans l'étroite limite d'un petit
état, et régissant un peuple qui pendant plusieurs
siècles n'avait point été autrement gouverné, ne pouvaient être un sujet d'alarmes pour les autres puissances. Bien plus, qui sait si, en désirant que ces
institutions fussent maintenues dans le royaume de
Pologne, la prévoyance des cabinets étrangers ne
voulait point sagement éviter l'éclat d'une révolution sociale, et, en même temps, opposer une forte
barrière à l'envahissement du despotisme russe? Les
parties contractantes pouvaient considérer sous le
même point de vue et comme un rempart utile le
triple rang des institutions municipales créées par la
constitution de 1807; ce qui toutefois n'empêcha
point l'empereur de Russie de renverser cette ligne
de garanties nationales contre lesquelles sa volonté
aurait pu se briser. La dissolution des conseils des
communes et des districts organisés en vertu de la

constitution de 1807, fut ordonnée par le prince;
et celui-ci, par sa constitution de 1815, fit revivre
seulement les conseils de waiwodies. Bref, Alexandre, dont la libéralité a été si injustement prônée,
immola à son despotisme ombrageux toutes les institutions accordées aux Polonais; et, ce qui est
digne de remarque, il alla jusqu'à défendre par la
constitution de 1815 la publicité de la procédure
en matière civile et criminelle que nous avait garantie la constitution de 1807, nous faisant connaître
par cet acte odieux que son intention était, avec le
temps, de changer nos cours de justice en tribunaux
secrets. En outre, la constitution du duché de Varsovie limitait la force de l'armée polonaise à 30,000
hommes; et comme le pays formant le royaume de
Pologne avait perdu beaucoup en étendue depuis qu'on en avait distrait Posen, Cracovie, et
le district de Wieliczka il semble que l'armée
aurait dû éprouver une réduction proportionnelle.
Ce raisonnement ne fut point celui que fit Alexandre, parce que, pour servir son ambition à l'exté-
rieur comme à l'intérieur, il lui fallait une grande
force militaire. Il n'eut garde, par la constitution
de 1815, de déterminer quelle serait au juste la
force de l'armée de Pologne; et non-seulement il
organisa une armée de 30,000 hommes, mais il dé-
passa de beaucoup ce chiffre, augmentant presque
chaque année notre force militaire. La constitution
du duché de Varsovie ne parlait point de l'inviola-

bilité du roi, et elle n'admettait point de cours spé-
ciales pour juger les crimes d'état qui pouvaient,
comme les autres crimes, être traduits devant les
tribunaux ordinaires. Le contempteur du traité de
Vienne, craignant que le pays ne lui demandât compte
un jour de son insigne mauvaise foi, entoura son
machiavélisme du réseau de l'inviolabilité ; et il établit une cour spéciale à laquelle devaient être dé-
férés tous ceux qui conspireraient contre la stabi-
lité d'un trône souillé des crimes les plus noirs.

Je crois avoir suffisamment fait ressortir l'extrême
différence qui existait entre la constitution du duché
de Varsovie et celle du royaume de Pologne. On
concevra facilement pourquoi l'empereur Alexandre
remplaça l'œuvre de 1807 par l'acte de 1815, bien
plus propre à se plier à ses projets. Ce prince, chez
qui la libéralité était un calcul et l'hypocrisie une
habitude, eut l'art de donner à sa mauvaise foi les
formes de la générosité. Il promit dans sa constitution quelques garanties générales qui n'étaient
point exprimées dans l'acte constitutionnel de 1807,
mais auxquelles l'ensemble de ce livre de nos libertés nous aurait infailliblement conduits. Il consacra en termes exprès la liberté de la presse et la
liberté individuelle ; il promit que personne ne su-
birait en Sibérie la peine infligée par la loi. Il prit
l'engagement solennel de maintenir la constitution
du royaume, et d'obliger ses successeurs à jurer de
la conserver et de la faire exécuter. Qui ne se serait

laissé prendre à ces belles apparences? Aujourd'hui
nous savons que les garanties et les sermens qu'on
faisait sonner bien haut n'étaient que jeu et que
paroles de prince; nous savons que la constitution
de 1815 n'a point été observée, qu'elle n'a existé
que sur le papier, et que l'empereur Alexandre a
été un imposteur, et son frère Nicolas un parjure.
Par un nouvel artifice, on imagina, pour mieux
tromper notre attention et pour flatter en même
temps notre amour-propre, de rendre les noms
usités autrefois dans l'ancienne Pologne aux districts, aux cours de justice et aux waiwodies,
sady ziemkie et *sady grodzkie :* comme si la liberté
était dans les mots et non point dans les choses, et
comme si ces vieilles dénominations, toutes pou-
dreuses de vétusté, avaient pu nous tenir lieu des
droits réels dont on nous dépouillait. C'était une
véritable mystification d'empereur, un de ces tours
de passe-passe faits pour amuser la crédulité des
simples, et qui assez souvent ont pour tréteaux
les marches du trône, pour principal acteur le chef
de l'État, pour dupe le pauvre peuple.

Tel est l'état de la question, par rapport au pays
qui composait la majeure partie du duché de Varsovie, et qui par le traité de Vienne, a été réuni à
la Russie, sous le nom de royaume de Pologne. La
population de ce pays n'excédait pas, à l'époque où
le congrès était assemblé, 3,500,000 ames. Mais,
outre le duché de Varsovie, il y avait sous la domi-

nation de l'empereur de Russie plusieurs gouvernemens beaucoup plus étendus, où l'on comptait
presque neuf millions d'habitans, et qui avaient
aussi fait partie de l'ancienne Pologne. Voyons maintenant comment il est parlé de ces provinces dans
une autre clause du premier article du traité de
Vienne :

« Les Polonais, *sujets respectifs de la Russie, de*
l'Autriche et de la Prusse, obtiendront une représen-
tation et des institutions nationales, réglées d'après
le mode d'existence politique que chacun des gouver-
nemens auxquels ils appartiennent jugera utile et con-
venable de leur accorder. »

Il est bien évident que dans cette nouvelle clause
du premier article les hautes parties contractantes
n'entendent point parler, par ces mots *sujets respec-*
tifs, des habitans du duché de Varsovie, puisqu'on
avait déja réglé ce qui les concernait au commence-
ment du même article, ainsi que nous l'avons fait
voir. La noûvelle clause regardait donc seulement
les populations des gouvernemens polonais, ou des
provinces polonaises incorporées à l'empire, pour me
servir de l'expression dont le gouvernement russe
faisait usage à ce sujet dans ses pièces officielles. D'ailleurs on sent combien il eût été absurde de la part
des grandes puissances, après avoir garanti en termes
formels, au royaume de Pologne, le maintien de la
constitution du duché de Varsovie, de faire au même
état, quelques lignes plus bas, la promesse vague

d'une représentation et d'institutions nationales. Au contraire, la première clause du premier article du traité, en parlant de l'administration distincte dont jouissait alors le duché de Varsovie, reconnaissait l'existence d'un état légal de choses fondé à une époque antérieure. La représentation et les institutions nationales, qui ne devaient être réglées que dans l'avenir d'après le *mode respectif d'existence politique,* ne peuvent être aucunement confondues avec la représentation et les institutions du duché de Varsovie, qui existaient et étaient déjà réglées antérieurement au traité de Vienne. Enfin, du contenu entier du premier article du traité de Vienne, il est évident que les puissances ont eu l'intention de régler les affaires de toute la nation polonaise. Comment pouvaient-elles oublier près de neuf millions d'habitans existans dans les gouvernemens polonais? Et quand elles ont parlé de la partie la moins nombreuse de ces habitans polonais, *sujets respectifs de l'Autriche et de la Prusse,* peut-on supposer qu'elles n'aient point voulu parler de la partie la plus considérable des Polonais existans dans les pays nommés gouvernemens polonais, et qu'elles ne voulaient comprendre sous le nom de Polonais, sujets respectifs de la Russie, que ceux qui se trouvaient dans le nouveau royaume de Pologne? Admettre une pareille supposition, ce serait accuser les rois assemblés en congrès d'avoir apporté dans la rédaction du premier article du traité de Vienne un esprit de légèreté, d'inconséquence et d'injustice, que rien ne pourrait excuser. Comme je l'ai déjà fait observer, dans les gouvernemens polonais, on compte environ neuf millions d'habitans. Ces provinces sont précisément les mêmes que l'impératrice Catherine a incorporées à la Russie en 1772, en 1793, et en 1796.

Traitant ces provinces en pays conquis, on y avait aboli entièrement l'ancienne représentation polonaise; les institutions nationales avaient été ou mutilées ou perverties; et, à l'époque où le congrès de Vienne s'occupa un moment de leur sort, il ne leur restait que l'ancienne législation modifiée par les ukases des czars, que l'usage de la langue polonaise dans les écoles et devant les cours de justice, et enfin qu'une faible part dans l'élection des fonctionnaires administratifs et judiciaires. Les puissances pensèrent sagement que des améliorations dans la condition sociale de ces peuples étaient devenues nécessaires, qu'il faudrait insensiblement refondre leur ancienne législation, et que surtout il importait de conserver les restes de leur nationalité, d'autant plus exposée qu'elle se trouvait à la merci de l'empereur russe. Cédant à ces motifs, et voulant peut-être expier l'infamie du partage de la Pologne par un acte tardif de justice, les rois étrangers résolurent, par le premier article du traité de Vienne, qu'il serait accordé aux habitans des provinces incorporées, *sujets de la Russie,* une représentation

et des institutions nationales. Si les grandes puissances ne déterminèrent point en termes plus précis
quelles seraient la représentation et les institutions
promises, c'est que par là elles auraient paru empié-
ter sur les droits et sur l'autorité de leur allié, et que
d'ailleurs elles auraient paru se défier des intentions
d'un prince qui s'était fait la réputation d'être aussi
généreux que libéral. Elles laissaient donc à sa volonté le soin de régler ces institutions et cette représentation d'après le mode d'existence de son
empire, et il était libre de donner à ces pays une constitution ou tout-à-fait monarchique ou tout-à-fait
oligarchique. Toutefois, si Alexandre restait libre
de donner aux gouvernemens polonais telle forme de
gouvernement qu'il lui plaisait, il n'était point maître
de ne leur point accorder une représentation et des
institutions nationales. L'obligation était aussi for-
melle que sacrée, et le czar, qui le savait bien, au
lieu d'y manquer ouvertement, joua de finesse selon
son usage ordinaire. Trois ans après la dissolution
du congrès de Vienne, en 1818, il se servait encore
de ces mots, en présence des membres de la diète
du royaume de Pologne : « Ce que j'ai donné à votre
pays, dit-il à cette auguste assemblée, je veux en
étendre la jouissance à mes autres sujets. » N'était-ce
point déclarer qu'il était toujours dans l'intention
d'observer l'engagement contracté par lui à l'égard
des gouvernemens polonais ? Cependant, cet engagement il le viola, il manqua de parole aux rois ses

alliés, aux membres de la diète, à ses sujets polonais.
Bien loin d'avoir reçu une représentation et des
institutions nationales, les provinces incorporées à
l'empire se sont vu arracher, presque chaque année,
depuis 1815, quelques lambeaux des institutions
dont elles jouissaient à l'époque des délibérations du
congrès de Vienne. J'entrerai dans quelques détails
au sujet de ces institutions, parce qu'elles me sem-
blent, par leur nature, bien dignes de fixer l'attention : elles reposaient principalement sur *une législation distincte* et sur *un système* d'instruction *séparé*.

Au-delà des frontières de l'empire russe l'administration intérieure des gouvernemens polonais, telle
qu'elle existait lorsque le congrès s'assembla, est
peu connue : je vais rectifier quelques erreurs où
l'on est tombé sous ce rapport. Et si, dans l'exposi-
tion des faits, je ne puis pour le moment citer les
dates des ukases dont j'aurai occasion de parler,
j'ose assurer que tout ce que je dirai n'en sera pas
moins de la plus grande exactitude.

Les provinces polonaises incorporées à la Russie
par suite du triple partage de la Pologne ont servi
à former les gouvernemens de Witepsk, de Mohilew, de Wilna, de Grodno, de Volhynie, de Podolie et
de Minsk. Ces divers gouvernemens, y compris le
district de Bialystock, qui pendant quelque temps
a appartenu au gouvernement prussien, et qui plus
tard a été réuni à la Russie, jouissaient, à l'époque
du congrès de Vienne, d'une législation distincte :

3

tous les tribunaux devaient se conformer au code nommé *Statut Litewski*, aux *Volumina legum* et dans le Bialystock, au *Landrecht prussien*, dont le nom décèle assez l'origine. Pour ce qui regarde l'admi- nistration, ces provinces jouissaient de l'ancien droit d'élire leurs juges et leurs maréchaux, c'est-à-dire les chefs des districts. Ces provinces jouissaient de quelques avantages que ne partageaient pas les au- tres gouvernemens russes; par exemple, elles jouis- saient du privilége de la fabrication de l'eau-de-vie, tandis que les autres gouvernemens étaient, sous ce rapport, assujétis à un monopole. Considérée dans son ensemble, cette législation présentait beau- coup d'inconvéniens, et de grandes améliorations y étaient nécessaires; mais elle était précieuse par les libertés dont elle assurait la jouissance aux habitans des provinces. Entre autres choses, ils devaient au *statut Litewski* et aux *Volumina legum* la publicité de la procédure dans les affaires civiles et l'usage de la langue polonaise dans les affaires judiciaires. Si donc le czar voulait faire à nos lois les change- mens que réclamaient les lumières du siècle, il devait les effectuer dans le sens de l'article premier du traité de Vienne. On s'attendait à recevoir du prince une représentation et des institutions natio- nales, c'est-à-dire des institutions qui contribue- raient à l'amélioration de l'état social, et ce but on ne pouvait l'atteindre qu'en développant le bienfait promis par le traité de Vienne, d'une administration

distincte, d'un état social, national et séparé. Les habitans de ces gouvernemens étaient fondés à croire que
les institutions qui, à l'époque du congrès de Vienne,
existaient déjà dans les gouvernemens polonais, seraient rendues plus parfaites et assises sur une base
plus large. De tout cela rien non-seulement n'arriva,
mais on a encore introduit des changemens dans
un sens tout-à-fait opposé. De même qu'on n'est pas
parvenu à anéantir l'état politique de la Pologne
d'un seul coup, de même l'intention d'Alexandre
n'a pas été d'abolir la nationalité polonaise dans tous
les gouvernemens polonais à la fois et par un seul
ukase. Il a commencé par cette partie de l'ancienne
Pologne qui en 1772, par suite du premier partage, était passée sous le joug de la Russie, par le
pays appelé jadis *Ruthénie Blanche*, par les ci-devant waivodies de Witepsk, de Mscislau et de Mohilew, ou par les gouvernemens polonais de Witepsk
et de Mohilew. Un ukase impérial prononça dans
les deux derniers gouvernemens l'abolition du *statut Litewski;* ce qui était priver ces provinces des
avantages que lui assurait le statut, de la publicité des cours de justice, et de l'usage de la langue
polonaise dans les causes judiciaires. En même
temps, on introduisait dans ces provinces le système
inquisitorial dans les procédures civiles, obligatoire
dans les autres gouvernemens russes, le livre des
ukases et le monopole : toutes les relations nationales qui liaient les deux gouvernemens aux autres

gouvernemens polonais étaient également brisées, et on les remplaçait par d'autres liaisons avec la Russie. Cependant le cabinet de Saint-Pétersbourg poursuivait son plan de dénationalisation graduelle des autres gouvernemens polonais; mais toujours habile dans sa politique, il voulait varier les moyens et choisir le temps opportun. Le gouverneur général invita les habitans les plus distingués du gouvernement de Minsk à un dîner, et, après les avoir fêtés avec une magnificence royale, il leur insinua que, pour le bien du gouvernement, il serait à propos qu'ils présentassent à l'empereur une petition dans laquelle ils déclareraient qu'ils verraient avec reconnaissance S. M. I. abolir chez eux, par un acte de sa volonté, le *statut Litewski*, pour le remplacer par la législation russe, et assimiler le gouvernement de Minsk aux autres gouvernemens russes. Les convives dirent au gouverneur qu'ils lui feraient connaître leur réponse le lendemain, parce qu'une chose de cette importance exigeait beaucoup de réflexion. En effet, étant revenus le lendemain, ils demandèrent d'abord au gouverneur si, dans les suggestions qu'il leur avait faites, il avait été l'interprète de la volonté de l'empereur? car, dans ce cas, toute opposition leur était interdite d'après le droit politique de l'empire. Ayant reçu l'assurance du contraire et que le gouverneur n'avait fait qu'exprimer ses propres sentimens, alors ils représentèrent à celui-ci, sans détour, que loin de désirer aucun changement, ils souhaitaient que leur législation nationale leur fût conservée. Malheureusement ce qu'on n'avait pu obtenir par cette indigne manœuvre, l'empereur Nicolas est venu à bout de le faire ; saisissant le prétexte d'une insurrection qui était survenue, il abolit par ses ukases l'ancienne législation, non-seulement dans le gouvernement de Minsk, mais aussi dans les autres gouvernemens polonais; et aujourd'hui toutes ces provinces, jadis polonaises, sont assimilées aux autres gouvernemens russes.

Je passe à ce qui concerne l'instruction publique. La Russie, par rapport à l'enseignement, est divisée en arrondissemens universitaires, et chaque université a sous son administration toutes les écoles dans un nombre fixe de gouvernemens. C'était l'université de Wilna qui, à l'époque du congrès de Vienne, était investie de la magistrature suprême de l'instruction publique dans les gouvernemens polonais; c'était une université tout-à-fait polonaise. On s'y servait dans toutes les branches de la langue polonaise, et son autorité s'étendait à toutes les écoles des provinces polonaises, ainsi qu'aux écoles du gouvernement de Kiow. Dans tous les gymnases, dans toutes les écoles de district, dans toutes les écoles élémentaires qui dépendaient de l'université de Wilna, il y avait, lorsque le congrès de Vienne s'assembla, des précepteurs polonais, et l'usage de la langue polonaise y était prescrit à l'exclusion de tout autre idiome. D'après la teneur et l'esprit de l'article premier du congrès de Vienne, ces institutions devaient rester inviolables et même recevoir un plus grand développement. L'empereur ne pouvait s'acquitter de ses promesses solennelles qu'en donnant à la liberté de l'enseignement une plus grande extension; mais le système de l'instruction publique, tel qu'il existait, eut le sort de l'ancienne législation polonaise. Ce n'est pas d'un seul coup qu'on accomplit ce changement. Le gouvernement russe fit d'abord fermer quelques gymnases et écoles, sous le prétexte que dans ces instituts on fomentait l'esprit révolutionnaire; et, plus tard, le droit de tenir des écoles polonaises fut ôté à plusieurs couvens, sans que ces classes nationales fussent remplacées par d'autres. Le gouvernement fit traiter en langue russe quelques branches de l'instruction publique dans l'université de Wilna; il dissipa, ou bien il consacra à des objets tout-à-fait étrangers à ce corps des capitaux considérables qui lui appartenaient. Il priva encore l'université du droit de censure qu'elle exerçait sur les livres polonais, et il chargea la police russe de cette surveillance. Enfin, aussitôt que les deux gouvernemens de Witepsk et de Mohilew eurent perdu leur ancienne législation, on s'empressa de soustraire les écoles qui étaient dans ces deux gouvernemens à l'autorité de l'université de Wilna pour les soumettre à celles de Moscow et de Saint-Pétersbourg, et pour y introduire, au lieu de la langue polonaise, l'usage de la langue russe. Les écoles du gouvernement de Kiow qui dépendaient aussi de l'université de Wilna, du temps du congrès de Vienne, furent, par un procédé du même genre, soumises à l'université de Charkow. De même, après que la dernière révolution eut éclaté dans le royaume de Pologne, mais avant que l'insurrection eût gagné les gouvernemens polonais, on a soustrait à l'autorité de l'université de Wilna les écoles des gouvernemens de Podolie et de Volhynie, et on les a incorporées à l'arrondissement universitaire de Charkow. En un mot, l'université de Wilna a fini elle-même par être dissoute, et dans sa disgrace ont été enveloppées les écoles polonaises des gouvernemens de Wilna, de Grodno, de Minsk et du district de Bialystok.

Après avoir montré que le gouvernement russe n'a donné aux habitans des gouvernemens polonais, ni *représentation* ni *institutions nationales*, que jaloux même de ce qui était, sous des prétextes plus ou moins frivoles, plus ou moins faux, il a ravi à ses peuples le peu de libertés dont le passé les avait dotés, qu'obéissant à son instinct, il a détruit au lieu de réparer et renversé au lieu de bâtir, il ne me reste plus qu'à rapporter comment, d'après sa manière, il a cru obéir au traité de Vienne, et comment il s'est flatté de pouvoir tromper et même de pouvoir satisfaire les puissances qui, par un principe d'honneur, étaient intéressées a ce que leur garantie pour ce qui concernait les *Polonais sujets respectifs de la Russie*, etc., ne fût point rendue nulle.

On sait que l'Europe, depuis 1820, a été le théâtre d'une suite de révolutions : le cabinet de Russie a trouvé, dans ces événemens, les circonstances les plus propres à favoriser sa politique. Ils lui ont fourni des raisons pour différer indéfiniment l'exécution du traité de Vienne à l'égard des Polonais, des motifs pour employer contre eux les mesures les plus tyranniques, et des excuses pour répondre aux réclamations qu'auraient pu faire les rois étrangers. Après avoir mis les deux gouvernemens polonais dans la même catégorie que les gouvernemens russes proprement dits, il feignit des craintes, et redoutant de prétendues menées révolutionnaires, il mit les autres gouvernemens polonais sous le régime de la loi martiale, pour qu'il pût répondre aux puissances que, dans un pareil état des choses, il ne pouvait donner à ces gouvernemens la représentation et les institutions nationales garanties par le traité de Vienne. Il y avait au moins dix ans que la loi martiale était en force dans les gouvernemens polonais, quand la révolution de Pologne arriva, et, pendant ce temps, le grand duc Constantin, qui avec le titre de général en chef de l'armée polonaise, gouvernait le royaume, avait été chargé du maintien de ce système de terreur.

Or, si l'on se souvient qu'en Russie, lorsque la

loi martiale est proclamée, les lois restent muettes et impuissantes, que le chef de la force militaire règne seul, qu'il est investi à la fois du caractère de législateur et de juge, et armé du pouvoir exécutif; si l'on se souvient en outre de ce qu'était Constantin, on se fera une idée du martyre politique enduré par *les Polonais sujets de la Russie.*

Le magnanime Alexandre, c'est le titre que la flatterie donnait à ce prince, s'avisa pourtant d'un moyen singulier pour se donner les airs d'un homme libéral, et pour couvrir son insigne mauvaise foi de quelques apparences. Il organisa dans les gouvernemens polonais (non compris ceux de Witepsk et de Mohilew) un corps russe séparé, auquel il donna le nom de corps lithuanien, et comme il avait mis son frère à la tête de l'armée polonaise et des gouvernemens polonais, à l'exception de ceux de Witepsk et de Mohilew, il lui donna aussi le commandement de l'armée lithuanienne, avec le titre de général en chef. Arrivé à Varsovie, en 1820, pour y jouer la comédie de l'ouverture de la diète, le czar fit convoquer par son frère un conseil des généraux polonais; lorsque ceux-ci furent assemblés, il leur proposa de substituer les couleurs de l'armée russe aux couleurs de l'armée polonaise, leur promettant qu'en revanche le corps lithuanien obtiendrait les couleurs des revers des uniformes de l'armée polonaise, et celles de l'état-major de cette armée; tentative qui prouve, pour le dire en passant, que le magnanime empereur à eu l'intention d'assimiler, même pour les formes extérieures, l'armée polonaise aux corps russes. Les généraux polonais répondirent qu'ils ne souhaitaient aucun changement dans les couleurs des uniformes polonais, les couleurs existantes leur rappelant des souvenirs bien précieux. Malgré cet échec, et quoique sans espoir d'échange, Alexandre n'en résolut pas moins de transformer dans le corps lithuanien les couleurs russes en couleurs polonaises. Les soldats et les officiers de l'infanterie reçurent les collets et les revers jaunes en usage dans l'armée polonaise, car dans l'armée russe ces deux parties de l'habillement sont rouges, et les collets des officiers de l'état-major du corps lithuanien, de rouges qu'ils étaient, devinrent amarantes. Il est vraiment pénible d'avoir à rapporter des actes d'un si puéril charlatanisme ; mais comme dans l'opinion même d'Alexandre, ces petites choses devaient tenir lieu de la représentation et des institutions nationales garanties par le traité de Vienne, j'ai dû tirer ce fait de l'oubli dans lequel il méritait de rester à jamais enseveli. Du reste, le corps lithuanien, hormis ses collets, n'a eu rien de national ; c'était au milieu de la Pologne un corps tout-à-fait russe.

Voilà tout ce que le cabinet russe a donné aux *Polonais sujets de la Russie*, ou plutôt tout ce qu'il leur a enlevé. Depuis le congrès de Vienne jusqu'à la révolution, on ne leur a absolument rien donné ni rien enlevé de plus ; mais si on considère les faits que j'ai racontés, il sera facile de concevoir que les dons du cabinet russe ne s'accordent nullement avec cette clause du premier article : « Les Polonais, sujets respectifs de la Russie, etc., obtiendront une représentation et des institutions nationales, réglées d'après le mode d'existence politique que chacun des gouvernemens auxquels ils appartiennent jugera utile et convenable de leur accorder. » Il s'ensuit que le cabinet russe était obligé de conserver dans les gouvernemens polonais tout ce qu'ils ont eu de national, et outre cela qu'il était obligé de donner un plus grand développement à leur nationalité ; et le cabinet russe retourna le sens de cet article à sa manière, et il dit : « Les Polonais dans les gouvernemens ne sont non-seulement nullement fondés à réclamer leur nationalité, mais encore il est permis de leur enlever les restes des institutions nationales dont ils jouissaient à l'époque du congrès de Vienne. »

De la même manière que la première partie de l'article sert à éclairer celle qui la suit, en prouvant qu'on ne comprenait pas sous le nom de *sujets polonais* les habitans du duché de Varsovie, mais bien les habitans de ces contrées de la Pologne qui à trois époques différentes sont tombées sous le sceptre de l'impératrice Catherine, de même la seconde partie de l'article éclaircit réciproquement la première en démontrant que c'était la constitution de 1807 qui a été assurée par les puissances aux habitans du duché de Varsovie.

On lit dans l'autre partie de l'article : « Les Polonais, etc., obtiendront, etc., *d'après le mode d'existence politique*, etc. » Cette expression *d'après le mode d'existence politique* démontre suffisamment qu'on a donné au cabinet russe la faculté d'octroyer une représentation et des institutions nationales que le traité a promis aux *Polonais sujets respectifs de la Russie*, etc., dans un sens tout-à-fait monarchique, puisque *le mode d'existence politique de la Russie* est complètement monarchique. De même que l'Autriche et la Prusse ont donné aux Polonais, leurs sujets respectifs, en Galicie et à Posen, une représentation d'après leur mode d'existence politique, le cabinet russe pouvait aussi octroyer aux Polonais, ses sujets, une représentation pareille, ou bien encore plus monarchique, ou oligarchique, ou despotique, selon qu'il lui plaisait de définir son mode d'existence politique. Si une telle représentation, c'est-à-dire si une représentation des Polonais avait été octroyée aux gouvernemens polonais, personne ne pourrait, dans le sens diplomatique, rien objecter au gouvernement russe ; il ne resterait alors à demander que la solution de la question des institutions nationales. Mais, comme nous l'avons vu, le cabinet russe n'a pas donné aux gouvernemens polonais une pareille représentation. La phrase que j'ai précédemment citée prouve aussi que les puissances, en reconnaissant le *statu quo* du duché de Varsovie, ne voulaient pas donner au cabinet russe la liberté de régler ce *statu quo* dans le royaume de Pologne *selon le mode d'existence politique* de la Russie, mais au contraire, qu'elles ont eu l'intention de conserver dans le royaume de Pologne la constitution du duché de Varsovie et l'administration distincte de ce pays telle qu'elle a existé dans le duché de Varsovie. Si elles eussent eu une autre intention, elles auraient dit: « Le duché de Varsovie, etc., sera lié à l'empire de Russie *par une constitution qui sera réglée d'après le mode d'existence politique de l'empire.* » Mais comme dans la première partie de l'article elles n'ont fait aucune mention du mode d'existence politique, ou plutôt, comme elles l'ont expressément déterminé en reconnaissant dans le nouveau royaume de Pologne les principes du mode d'existence politique du duché de Varsovie, il s'ensuit très évidemment qu'elles n'ont pas eu la volonté que la constitution du royaume de Pologne se réglât absolument d'après le principe despotique de l'empire, et la constitution de 1807 leur a paru propre à garantir le pays de la funeste influence de ce principe. Mais Alexandre a octroyé en 1815 une autre constitution qu'il a réglée, malgré la volonté du traité du Vienne, tout-à-fait d'après le mode d'existence politique de son empire.

S'il ne suffit pas de la teneur du premier article

du traité de Vienne, l'histoire même du congrès de Vienne prouvera que les puissances n'avaient pas l'intention de régler l'état politique du royaume de Pologne, formé de la majeure portion du duché de Varsovie, d'après le mode d'existence politique de la Russie, mais qu'elles voulaient le baser sur un système absolument particulier. C'était alors que l'Autriche sacrifiait la Galicie pour ériger la Pologne entière en état indépendant. Les autres puissances ne s'y opposaient pas : seulement l'empereur russe demandait par forme de compensation la restitution du *statu quo* général avant le premier partage de la Pologne.

Ce grand plan échoua non pas contre la volonté d'Alexandre, mais contre des circonstances impérieuses. Napoléon, que nous suivîmes comme amis fidèles dans toute sa carrière jusqu'au tombeau, qui a armé nos légions, qui a fait ressusciter notre patrie, qui l'a voulue voir complètement rétablie, a, malgré lui, interrompu son rétablissement par son retour de l'île d'Elbe. Le plan de l'Autriche n'a pas eu de suites ; mais on en adopta un autre qui peut être considéré comme un système politique placé dans un juste milieu entre l'indépendance et l'assujétissement d'une nation iniquement morcelée. On consentit à ériger un petit royaume de Pologne, *lié* à l'empire de Russie, et qui par conséquent ne serait ni simplement réuni, ni incorporé à cette puissance ; et cette *alliance*, cette *liaison* devait être opérée par une constitution antérieurement octroyée à ce pays, et qu'on avait reconnue pouvoir suffisamment garantir son indépendance. On confia le gouvernement de cet état à la dynastie de l'empire russe, et comme on voulait en même temps régler les relations de toute la nation polonaise, en la dédommageant du rétablissement complet de la Pologne proposé par l'Autriche, on promit aux autres Polonais, sujets respectifs des trois puissances, une représentation et des institutions nationales réglées d'après le mode d'existence politique de chacune d'elles. Voilà ce qu'on fit pour la Pologne, voilà comment il faut concevoir le traité de Vienne concernant la Pologne et les Polonais! Expliquer autrement l'esprit de ce traité, donner un autre sens à son premier article, ce serait étrangement se méprendre.

Les puissances européennes, détrompées par les derniers événemens survenus en Pologne, donneront probablement désormais plus d'attention qu'elles ne l'ont fait jusqu'ici à l'attitude politique de cette nation. Après s'être accordées sur le véritable sens du premier article du traité de Vienne, après avoir fait vérifier les faits ci-dessus démontrés, elles seront forcées de convenir que la révolution polonaise était une suite immédiate de la violation de ce traité, qu'il est nécessairement de leur devoir, si elles veulent maintenir l'ordre établi par le traité de Vienne et empêcher à l'avenir l'effusion du sang polonais, *de demander au cabinet russe l'exécution des*

*décisions du traité de Vienne, et par conséquent la
conservation du statu quo du duché de Varsovie dans
le royaume de Pologne, le rétablissement des institutions polonaises, abolies dans les gouvernemens polonais depuis 1815 jusqu'à 1831, et en outre l'octroi
d'une représentation et d'institutions nationales en faveur de ces gouvernemens.*

 Quant aux journaux d'opposition, et en général à
tous les écrivains qui en Angleterre, en France ou
dans tout autre pays, entreprennent de plaider
en faveur des droits de la nation polonaise, nous
leur demandons, avant tout, qu'ils se fassent une
idée juste du premier article du traité de Vienne,
puis, qu'ils tâchent de connaître avec plus d'exactitude l'état actuel des Polonais, opprimés par la dynastie des Romanow; enfin, qu'ils se pénètrent da-
vantage de l'histoire de la nation polonaise, ou du
moins des événemens qui ont eu lieu depuis soixante
ans, afin qu'ils puissent appliquer des raisonnemens
victorieux, incontestables, fondés sur des faits, à la
situation malheureuse de la nation polonaise, à l'in-
solence dérisoire du cabinet russe. En insistant sur
le maintien de la constitution de 1815 dans le
royaume de Pologne, ils admettent que l'empereur
Alexandre a eu le droit d'abolir la constitution de
1807 et d'en octroyer une selon sa volonté. En
croyant avoir rempli leur tâche par leurs véhémentes
réclamations de la nationalité polonaise, ils oublient
les faits, ou bien ils ne les connaissent pas, tandis

que les faits pourraient seuls prêter à leurs paroles une force de conviction. En général ils se taisent sur le sort des neuf millions de Polonais répartis dans les gouvernemens, et ils ne fixent leur attention que sur les quatre millions de Polonais du royaume, tandis que le traité de Vienne avait assuré des droits précis aux uns et aux autres; les armes que jusqu'à présent la presse a employées pour la défense de la cause polonaise lui ont été plutôt nuisibles qu'utiles, car elles se sont émoussées sans atteindre la politique du cabinet russe, tandis que, suivant la sympathie des peuples et selon la nature des choses, elles devaient lui porter un coup mortel.

Après avoir démontré que le cabinet russe, depuis le congrès de Vienne jusqu'à la révolution polonaise, non-seulement n'a pas obéi au traité pour ce qui concerne la Pologne, mais aussi qu'il a promulgué des ordonnances qui étaient tout-à-fait contraires à ce traité; après avoir admis que par droit de conquête il est libre de revenir sur les changemens qu'il a introduits dans l'état social de la Pologne, mais qu'il ne peut retirer ce qu'il n'a pas donné, il reste à examiner s'il s'est acquitté du devoir imposé par le premier article du traité de Vienne, en promulguant son *statut organique* du 26 février 1832, qui détermine les bases nouvelles de l'administration du royaume de Pologne, et en publiant ses *ukases*, qui règlent la position politique des gouvernemens polonais.

Afin de pouvoir résoudre cette question, il faut

4

voir ce qu'était, à l'époque du congrès de Vienne,
l'état de cette partie du duché de Varsovie, depuis
nommée royaume de Pologne, et des autres gouvernemens polonais, et le comparer à l'état actuel ;
car c'est l'état de la Pologne, à l'époque du congrès, qui a été reconnu par le traité de Vienne,
comme devant servir de base à l'amélioration graduelle de l'état politique de ces pays. Une compa-
raison du statut organique de 1832 et des autres
ukases relatifs à la Pologne, avec les institutions et
ordonnances qui depuis 1815 jusqu'à la révolution
polonaise ont été accordées ou promulguées par
le cabinet de Saint-Pétersbourg, serait tout-à-fait
déplacée, car il est avéré que ces institutions et ordonnances, complètement contraires au traité de
Vienne, ne peuvent être considérées comme le résultat de la volonté du congrès, mais comme celui
de la volonté absolue du cabinet russe, de sorte
qu'elles peuvent être enlevées au royaume de Pologne
et aux gouvernemens polonais, pour être remplacées par des institutions et ordonnances qui, d'après
le traité de Vienne, devaient être conservées, in-
troduites et promulguées.

Nous ne comparerons donc pas la constitution de
1815, mais celle de 1807, avec le statut organique
de 1832, et quant aux gouvernemens polonais nous
n'opposerons pas à leur état politique actuel l'état
politique qui s'est développé depuis 1815 jusqu'à la
révolution polonaise, mais celui qui existait du

temps du congrès de Vienne, et celui qui, d'après la volonté du traité, devait être introduit.

Pour ce qui concerne le royaume de Pologne, le congrès de Vienne l'a destiné à être lié à la Russie sous le gouvernement de la même dynastie, mais à n'avoir avec elle que des relations fédératives ; ceci résulte, 1° de ce qui a été dit dans le premier article : le duché de Varsovie, etc., *y sera lié*, etc., et non pas simplement *y sera réuni* ou *incorporé* ; 2° de ce que cette liaison devait s'effectuer par la constitution du duché de Varsovie : *Le duché de Varsovie, etc., par sa constitution, etc.* Or, les relations du duché de Varsovie avec la Saxe, quoique ces deux pays aient été gouvernés par la même dynastie, étaient d'une nature tout-à-fait fédérative. L'empereur Nicolas pourtant a changé de son plein gré les relations du royaume de Pologne avec la Russie, en donnant à la destinée de ce royaume une direction opposée à celle qui par le traité de Vienne lui a été assignée. Dans le premier article du statut organique il dit, que le royaume de Pologne est à jamais *réuni* à l'empire russe et forme une partie inséparable de cet empire. C'est comme si le roi de Saxe avait dit avant le congrès de Vienne, en vertu du titre de duc de Varsovie : « Le duché de Varsovie est à jamais réuni au royaume de Saxe, et forme une partie inséparable de ce royaume ; » les autres puissances auraient-elles alors toléré une pareille déclaration? Le royaume de Pologne a été d'après le traité de Vienne laissé, avec la Russie, dans les mêmes relations où se trouvait le duché de Varsovie vis-à-vis de la Saxe. Les autres puissances permettront-elles aujourd'hui à l'empereur de Russie de fausser et de dénaturer leur volonté suivant son bon plaisir?

Dans le même article il dit, que cette partie de la Russie aura une administration particulière et conforme aux besoins locaux, ainsi que son code civil et militaire. De pareilles dispositions sont si générales, si peu suspectes par elles-mêmes, que si elles ne provenaient pas de la bouche d'un despote rusé, si elles n'étaient pas contraires aux traités existans, elles pourraient satisfaire les vœux les plus amples. Car en effet, qu'y a-t-il de plus nécessaire à chaque pays, à chaque peuple, qu'une administration conforme aux besoins locaux, et une législation adaptée à ces besoins? Mais l'ensemble du statut organique ne peut laisser de doute sur la forme et sur le développement que l'empereur prétend donner à cette administration et à cette législation. Toute cette œuvre est réservée à sa propre volonté, et s'il a accordé quelque chose à la nation, c'est tout au plus le très respectueux droit de pétition. Mais une loi fondamentale, une constitution, n'est ni un système théorique, ni une doctrine politique ; elle détermine le mode et le principe de l'exercice de la souveraineté. C'est comme si l'empereur Nicolas eût dit : « Le royaume de Pologne sera heureux ; » mais après

avoir fait cette promesse, il décèle aussitôt son men-
songe, car son statut organique prouve le contraire,
comme nous aurons occasion de le voir.

Au reste, ses soins pour assurer le *bonheur* politique du royaume de Pologne sont superflus, car
dès 1815 ce *bonheur* a été assuré par le traité de
Vienne. Or, dans ce traité il n'est pas dit que l'administration de ce pays sera conforme aux besoins
locaux, ou bien que le pays aura son propre code;
mais il y est dit bien clairement que l'administration
du duché de Varsovie (pays *jouissant* d'une administration distincte), sera maintenue ; et comme on
accorda au royaume la constitution de 1807, qui
par l'article 69 garantit le maintien du code Napoléon, il s'ensuit que la promesse d'une législation
distincte, qui assurément doit être réglée par des
ukases, est dans le statut organique tout-à-fait su-
perflu.

« Le couronnement des empereurs de toutes les
Russies et rois de Pologne se fera par une seule et
même cérémonie, qui aura lieu à Moscou, en présence d'une députation du royaume de Pologne,
qui assistera à cette solennité avec les députés des
autres parties de l'empire. » Tel est le texte de l'article 3 du statut organique. Il prouve suffisamment
comment l'empereur envisage les relations du
royaume de Pologne avec son empire. Il désigne la
nature de la réunion du royaume de Pologne avec
la Russie, en mettant la députation des autres par-

ties de l'empire de niveau avec la députation du royaume de Pologne. Ainsi donc, ce royaume n'est pas *lie* à l'empire, mais il forme une partie de la Russie, comme par exemple, la Sibérie, laquelle s'appelle aussi un *carstwo* (royaume), qui jouit également d'une administration conforme aux besoins locaux et qui enverra de même à Moscou une députation à la solennité du couronnement! Le congrès de Vienne a-t-il eu le dessein d'ériger un royaume de Pologne tout-à-fait ressemblant à la Sibérie?

Dans l'article 5 du statut organique, il est accordé à la religion catholique une protection spéciale du gouvernement, quoique d'après la constitution de 1807 elle doive être dans le royaume de Pologne la religion d'état. En comparant la constitution de 1807 avec celle de 1815, nous avons déjà eu l'occasion d'indiquer que le maintien de ce point est pour les puissances d'une grande importance politique, comme d'un autre côté ce n'est point une partie indifférente de la nationalité polonaise.

D'ailleurs que veut dire cette garantie: *une protection spéciale du gouvernement?* Les autres confessions ne sont-elles pas dignes d'une protection spéciale du gouvernement? Chaque protection du gouvernement ne doit-elle pas être égale? ou bien y a-t-il des protections différentes, une spéciale et une autre non spéciale? C'est ce que nous ne pouvons comprendre. Lorsque dans la constitution de 1807, que le traité de Vienne a accordée au royaume de Pologne, la religion catholique a été nommée religion de l'Etat et les autres cultes et religions déclarées libres et publiques, cela était concevable. Par cette disposition on n'a pas promis une protection spéciale à la religion catholique; on l'a seulement désignée comme religion de l'État pour qu'elle fût pour ainsi dire la religion officielle du pays.

Le sixième article du statut organique dit, que les fonds du clergé catholique romain et de celui du rit grec uni seront considérés comme une propriété commune et inviolable de la hiérarchie de chacune de ces croyances. Ainsi les fonds des autres croyances ne sont pas une propriété commune et inviolable? Comment s'accordera cet article avec le code Napoléon, qui garantit l'inviolabilité de toutes les propriétés, et qui, selon le § 69 de la constitution de 1807 qui par le traité de Vienne a été accordée au royaume de Pologne, doit former la loi civile de ce pays.

D'après l'article 10 du statut organique, la forme de l'enquête judiciaire, dirigée contre les fonctionnaires supérieurs du royaume et contre des personnes accusées de crimes d'état, sera déterminée par une loi particulière dont les bases seront en harmonie avec les autres lois de l'empire. Mais la constitution de 1807 ne connaît pas de procédure particulière contre les fonctionnaires supérieurs, ni contre les personnes accusées de crimes d'état, et l'autre partie du premier article du traité de Vienne permet seulement de régler ces institutions *d'après le mode d'existence politique de la Russie,* lesquelles ont été promises *aux Polonais, sujets respectifs de la Russie,* etc., et par conséquent non pas aux Polonais dans le royaume de Pologne, mais aux habitans des gouvernemens polonais. Et d'après cet article, les lois du royaume de Pologne doivent se régler d'après les lois russes.

Ni la constitution de 1807, ni le code Napoléon ne reconnaissent la peine de la confiscation appliquée par l'article 12 du statut organique aux crimes d'état de première classe.

La constitution de 1807 ne reconnaît pas non plus la censure, car tous les délits, et par conséquent ceux de la presse, rentrent suivant cette constitution dans le ressort des tribunaux. Néanmoins l'article 13 du statut organique introduit non-seulement la censure, mais encore il promet que cette institution sera conforme aux principes qui sous ce rapport sont en vigueur dans les autres parties de l'empire. Voilà encore un réglement *d'après le mode d'existence politique de la Russie.*

Le § 20 de la constitution de 1807 ordonne entre autres choses que la diète doit délibérer en matière d'impôts; les § 22 et 34 de cette constitution prescrivent que tout projet de loi et par conséquent aussi le projet de la loi de finances, avant de devenir loi, doit avoir l'assentiment de la chambre des nonces et la sanction du sénat. Toutefois, nous lisons dans l'article 14 du statut organique, que le royaume de Pologne contribuera proportionnellement aux besoins de l'empire, et que la fixation de l'impôt aura lieu plus tard. Le duché de Varsovie, dont le *statu quo* a été reconnu quand le congrès de Vienne l'a transformé en royaume de Pologne, était-il obligé de contribuer aux besoins du royaume de Saxe, et la fixation des impôts dans le duché de Varsovie dépendait-elle du roi de Saxe? Comme cela n'a pas eu lieu, le royaume de Pologne est-il obligé à présent de contribuer aux besoins de l'empire d'après la volonté de l'empereur, tandis que les relations du royaume vis-à-vis de l'empire sont restées les mêmes, et doivent être telles qu'elles étaient entre le duché de Varsovie et la Saxe?

Les relations de commerce du royaume de Pologne avec la Russie devraient être, selon le § 21 de la constitution de 1807, déterminées par le pouvoir législatif, puisqu'elles supposent une loi de finances, dont l'adoption ou le rejet appartient au pouvoir législatif, c'est-à-dire aux deux chambres et au roi. Toutefois l'article 19 du statut organique dit que le mode de transactions commerciales entre l'empire russe et le royaume de Pologne sera réglé d'après les intérêts respectifs des deux pays. Mais par qui? Comme il est évident par le contenu entier du statut organique que le royaume de Pologne est privé de chambres législatives, et que le pouvoir législatif est devenu une prérogative exclusive de l'empereur, il s'ensuit que ce n'est que lui seul qui réglera ces relations.

D'après l'art. 20 du statut organique, l'armée dans l'empire et dans le royaume formera un seul tout, sans distinction de troupes russes et polonaises. L'empereur se réserve de décider plus tard, par une loi spéciale, dans quels rapports et sur quelles bases le royaume de Pologne participera à son armée. Le nombre des troupes qui serviront à la garde militaire du royaume sera également à une époque future déterminé par une loi. Cet article renverse entièrement les dispositions de la constitution de 1807 à l'égard de l'armée. Le nombre de troupes y est déterminé dans le § 79, et les § 80 et 87 ont prévu les relations des deux pays, dans le cas où une partie des troupes saxonnes ou des troupes du duché de Varsovie quitteraient leur pays.

La constitution de 1807 n'a fait aucune mention de lettres de naturalisation qui, d'après l'article 21 du statut organique, peuvent être accordées réciproquement aux habitans de l'empire et à ceux du royaume.

Le représentant du roi était, d'après la constitution de 1807, un vice-roi ou un président du conseil des ministres. L'article 22 du statut organique le nomme gouverneur. Cette dénomination serait indifférente pour nous, si au moins les droits réels qui avaient été accordés au pays étaient respectés.

Mais Nicolas les a non-seulement enlevés au royaume de Pologne, il a voulu encore se venger en changeant les dénominations et en symbolisant en quelque sorte par le nom *gouverneur* la transformation du royaume en un *gouvernement* à moitié russe.

L'art. 3o du statut organique nous apprend que les affaires ayant trait à la législation et autres de grande importance, à l'égard desquelles il paraîtra à l'empereur nécessaire de faire préalablement une combinaison exacte avec les lois en vigueur dans les autres parties de l'empire et avec le bien général, ainsi que le budget annuel du royaume de Pologne qui lui sera soumis par le conseil d'état, passeront en dernier ressort par l'examen et *la confirmation du conseil d'état de l'empire de Russie*. C'est donc ainsi que sont renversés les deux chambres et tout le pouvoir législatif, tel qu'il était créé par la constitution de 1807. Le conseil d'état de l'empire et la volonté despotique de l'empereur composeront dans le royaume de Pologne le pouvoir législatif.

D'après l'art. 35 il y aura dans le royaume de Pologne non des ministères, mais seulement des commissions, non des ministres, mais des directeurs généraux. Nous passerions sous silence, comme une circonstance peu importante, cette disposition, quoiqu'elle soit contraire à la constitution de 1807; nous passerions sous silence l'intention manifeste de dégrader le pays, parce que nous n'y voyons qu'une politique triviale, si effectivement cette disposition ne violait les droits réels que le traité de Vienne a accordés au royaume de Pologne. Car, d'après le § II de la constitution de 1807, le royaume de Pologne doit être gouverné par cinq ministères, dont deux, celui de la guerre et celui de la police, ne sont pas remplacés par des commissions dans le statut de 1832.

De même que la constitution de 1815 a dissous les conseils municipaux dans les communes et dans les districts, le statut organique n'a conservé aussi dans le titre III que des conseils des palatinats.

Le titre IV parle des assemblées des états provinciaux qui ont une voix délibérative dans les affaires générales du royaume, et qui seront réglées plus tard par un ukase particulier. Nous ne savons pas quels attributs l'empereur veut donner à ces états ; mais ce que nous savons, c'est que dans le premier article du traité de Vienne les puissances ont lié, sous la dynastie des empereurs de Russie et rois de Pologne, le duché de Varsovie à l'empire par sa constitution et non par des états provinciaux, qui ne sont pas même mentionnés dans la constitution de 1807.

Dans le statut organique il n'est pas dit un mot des revenus personnels du roi de Pologne, qui par la constitution de 1807 étaient bornés. Les empereurs de Russie puiseront donc dans le trésor du royaume autant qu'il leur plaira. Peut-on déduire une autre conséquence de ce mutisme du statut organique?

La publicité de la procédure dans les affaires civiles et criminelles, accordée par la constitution de 1807, n'est pas garantie par le statut organique de 1832.

Mais à quoi servirait même une garantie, lorsque l'empereur, dans l'art. 68, réserve à sa volonté le développement et le complément de cet ukase, d'après les besoins. (De qui?)

Pour ce qui concerne les gouvernemens polonais, auxquels l'autre partie du premier article du traité de Vienne a promis une représentation et des institutions nationales, et auxquels, comme nous l'avons vu, loin de rien donner, on a, depuis 1815 jusqu'à la révolution polonaise, enlevé plusieurs débris des institutions nationales; Nicolas ne leur a octroyé aucun statut organique; mais quelques ukases ont prouvé suffisamment de quelle manière il veut traiter ces pays. Il a ordonné que ces gouvernemens ne s'appelleront plus *incorporés de la Pologne*, mais *provinces revendiquées*; par cette disposition, il explique très clairement ses desseins : une province incorporée peut encore jouir d'une représentation distincte et d'institutions nationales; il n'en est pas de même d'une province revendiquée, qui perd toute administration distincte et devient, sous le rapport politique, une partie intégrante de la puissance qui feint de l'avoir revendiquée. Et cette fiction n'est pas sans motif; elle se fonde sur la conduite de l'empereur russe. Il a prouvé et développé ses intentions par d'autres ukases. Ainsi il a aboli dans tous les gouvernemens polonais le *statut Litewski* et les *Volumina legum*; il a fait introduire l'usage de la langue russe dans tous les tribunaux, dans toutes les écoles de ces gouvernemens; il a dépouillé la noblesse de plusieurs droits réels, il a annulé leurs diplômes en ordonnant que les nobles seraient obligés de faire confirmer à Pétersbourg les titres de leur noblesse, ce qui est impossible pour la plupart d'entre eux à cause de l'énormité des frais, renversant par cet ukase la seule barrière qui par la force de ce privilége s'opposait encore à son despotisme; il a dépouillé les citoyens du droit d'élire leurs juges et leurs fonctionnaires, droit dont ils jouissaient encore avant le partage de la Pologne; il a fait fermer les séminaires et les églises catholiques dans les villages. Nous ne voulons pas rappeler d'autres atrocités devant lesquelles rougiraient les monstres flétris par l'histoire. Ce n'est que des devoirs que le congrès de Vienne a imposés aux empereurs russes que nous parlons ici. Puisque ce congrès n'a opposé aucune barrière à leurs horribles forfaits, ils peuvent légalement s'abandonner à leurs caprices tyranniques.

Je crois avoir résolu la question politique des relations du cabinet russe avec les Polonais. Car j'ai démontré :

Que le traité de Vienne a eu l'intention de régler les affaires de toute la nation polonaise, de toute la Pologne ;

Que le premier article du traité de Vienne contient deux dispositions à l'égard de la Pologne, qui sont tout-à-fait différentes, vu qu'il accorde premièrement au royaume de Pologne, formé du duché de Varsovie, la constitution de ce duché et une administration distincte analogue, et aux gouvernemens polonais (sujets respectifs de la Russie, etc.), une représentation et des institutions nationales;

Que la constitution du duché et le *statu quo* n'ont pas été respectés dans le royaume de Pologne, et qu'ils ne pouvaient être remplacés par la constitution de 1815;

Que non-seulement les gouvernemens polonais n'ont pas reçu une représentation et des institutions nationales, mais que les empereurs leur ont enlevé depuis le congrès de Vienne les débris de leurs institutions nationales antérieures, et que, lorsqu'on a prétendu les dédommager de la perte des droits réels, de la non-exécution des droits solennellement promis par l'organisation d'un corps lithuanien, on leur a offert un dédommagement aussi ridicule qu'absurde;

Que l'empereur de Russie peut, par droit de conquête, enlever au royaume de Pologne et aux gouvernemens polonais tout ce qui leur a été donné non par suite du traité de Vienne, mais en vertu de son bon plaisir, mais qu'il est obligé d'accorder au royaume de Pologne et aux gouvernemens polonais toutes ses institutions et libertés, qui n'ont pas été

(84)

données, et qui, d'après le traité de Vienne, devaient être conservées et octroyées;

Enfin, que l'empereur Nicolas ne s'est acquitté de ce devoir ni par ses ukases, ni par son statut organique, et qu'il a agi dans un sens directement opposé à cette obligation.

Fondé sur le traité et sur des faits, j'ai exposé les droits que les monarques peuvent faire valoir auprès du cabinet russe. Je l'ai fait, mais non avec l'intention de me constituer l'avocat de ma nation; elle possède d'autres droits, qui sont hors du ressort des traités; elle sait comment elle doit envisager toute constitution, qu'elle soit de 1807 ou de 1815, chaque statut organique, chaque ukase. Pour les destinées futures de la Pologne, il serait peut-être à désirer qu'elle ne fût régie que par des ukases.

Je le répète, ce n'est que sous le point de vue du droit diplomatique que j'ai envisagé le traité de Vienne et les relations de la Pologne avec la Russie. Que les cabinets européens fassent ce qu'il leur plaît!

Ils se prononceront peut-être bien tard; mais pourtant un jour viendra où ils se rappelleront leurs devoirs, et où ils voudront venger leur dignité outragée.

Imprimerie de E. Duverger,
rue de Verneuil, n. 4.